Mazas

Texte de Jules Vallès
publié avec l'autorisation de
Séverine. Lithographies par
Maximilien Luce

Mazas

Texte de Jules Vallès
publié avec l'autorisation de
Séverine. Lithographies par
Maximilien Luce

Mazas

EN VENTE A L' « ESTAMPE ORIGINALE »,

17, RUE DE ROME

Toutes les dalles des cachots de la Bastille n'ont pas été achetées par des patriotes ou des collectionneurs. Elles ont été ramassées par les héritiers de la tradition napoléonienne, et même par les philanthropes républicains, pour être grattées, reblanchies, et servir à reconstruire des prisons moins horribles d'aspect, mais aussi méchantes et meurtrières, avec leur mine bourgeoise et leur air d'honnêtes personnes, que la vieille et sombre forteresse.

En un temps où l'on illumine, au 14 juillet, la place où était l'énorme vide-poche en pierre des rancunes de favorites et de courtisans, il est intéressant d'aller du côté des Bastilles nouvelles, pour voir ce qu'elles contiennent de supplice, tout en paraissant ouvertes largement à l'air et au soleil.

Mazas !

L'enseigne : « Maison d'arrêt cellulaire » ; la devise : « Liberté, Égalité, Fraternité ».

Liberté, est le premier mot écrit sur cette porte de prison -- Fraternité, à la queue ! Ah ! Cela blesse les yeux et blesse le cœur...

L'Égalité ? Oui ! C'est le tronc vivant aux attaches duquel pendent les deux autres termes, comme des bras morts — l'Égalité de la discipline de fer, de la douleur morne, tournant comme une meule dans l'immense silence !

On nous a fait un monstre de la citadelle où pourrissaient ceux que la lettre de cachet avait été rejoindre dans le fond d'une alcôve ou dans le plein de la popularité. Terrible, en effet, cet enterrement des vivants, si l'on en croit la légende, quoique tous ne fussent pas enchaînés dans des culs de basses-fosses et n'eussent pas la figure grignotée par les rats.

Mais cette nuit éternelle défendait au moins le captif contre l'œil du geôlier ; elle lui permettait aussi de gratter les murs de son cachot avec ses ongles ou un morceau de fer conquis on ne sait comment. Dans l'ombre épaisse où tâtonnait sa vie, brillait, plus doré qu'une flèche du soleil, l'espoir de frayer, à travers ces ténèbres et sous leur manteau, le chemin de l'évasion. Il était chez lui, son maître, libre — quand le geôlier avait glissé la

cruche et le pain du jour. On ne le voyait pas travailler à s'enfuir. On ne le voyait pas non plus s'il était lâche et s'il pleurait.

Le système nouveau met l'homme, et son âme, à nu. La clarté que lui ont envoyée, par les lucarnes, les humanitaires, devient l'ennemie de sa dignité et la complice des mouchards.

Ces philanthropes croient avoir fait merveille, et se figurent qu'ils ont bien mérité de l'humanité, parce que, à Mazas, les murs sont blancs; parce que les parquets des galeries reluisent comme des parquets de musée, et que le vieux fantôme du supplice est passé à la cire et à la brosse. Bien des captifs, pourtant, auraient préféré le cachot de Latude, à la Bastille...

L'homme qui entre là n'a point l'émotion qui est dans les vers du Dante : il ne laisse pas toute espérance au seuil qu'il vient de franchir.

On se croirait dans un hôpital, et cela n'a point l'air aussi lugubre qu'un collège. Les gardiens n'ont pas des mines d'estafiers de la Tour de Nesle; et le greffier qui interroge est froid et poli comme un employé de ministère — plus poli peut-être. Il inscrit les réponses sans s'en étonner ou s'en indigner.

Après avoir demandé le nom, l'âge :

--- Votre religion ?

--- Rien.

Il inscrit en marge : « Sans religion », et l'on n'instruit pas une action en sacrilège, on ne prépare pas la torture.

Elle va commencer pourtant.

Encore quelques questions : « Avez-vous sur le corps des signes ou des cicatrices ? ». Et l'on examine les fils blancs des blessures recousues ; et l'on colle sur le papier gris des registres, comme un décalque de carte, la peau du détenu.

Le voici écroué, vissé.

Il n'a plus qu'à glisser dans la rainure du régime, jusqu'au jour où il sera rendu à la liberté, ou livré à la justice.

Reconnu innocent, il n'en emportera pas moins, de son séjour dans ce Mazas, des souvenirs qui lui laisseront au cœur une ineffaçable mélancolie ; surtout s'il n'est qu'un honnête homme victime d'une erreur, laquelle malheureusement fait tache quand même sur son nom ; s'il n'est pas un combattant politique qui peuple sa cellule des espoirs de tout un parti, et, dans le coin de ciel que laisse voir son vasistas, étend toute la largeur d'un drapeau !

Déjà, comme *politique,* il a été traité autrement que les autres, celui-là : il a eu les vivres meilleurs, sa chopine de vin, et du pain blanc ! En cela, l'égalité est égratignée ; mais les prisonniers politiques ont été plutôt rares, et le moment viendra, peut-être bien, où l'on ne mettra plus des hommes sous les verroux, parce qu'ils ont défendu une idée qui a le droit à la vie des plantes arrivées à crever le sol.

Quelques bruits de clefs, la vue d'un galon plus gros et d'une étoile plus large sur l'uniforme (celui du gardien chef), un registre feuilleté, un numéro choisi, l'entrée dans une des galeries — et ce sera, pour le prévenu, la fin des conversations vivantes,

l'abandon de l'espace ! La terre va tenir pour lui dans un rayon de quelques mètres ; et il appartient, si fort qu'il soit des épaules ou de la cervelle, au gardien qui est chargé de tenir sous séquestre toutes ces volontés devenues impuissantes : de surveiller tous ces ressorts arrachés à la grande mécanique humaine, et qui vont se rouiller là, comme des miettes de fer.

La cellule est plus large, plus fraîche, et plus claire souvent, que n'était le logis de l'arrêté ; et l'impression première n'est point trop douloureuse : la porte ne grince pas en tournant sur ses gonds comme celle de la Bastille.

Il a une sonnette, il peut appeler. Un escabeau devant une table attachée au mur : il lui est permis de s'accouder, lire, et écrire. Dans un coin, sur une planche, un hamac dans lequel le matelas est roulé ; sur une autre planche, la couverture et les draps. La femme et les enfants, au dehors, ne sont peut-être pas si bien couchés...

Aussi n'y a-t-il pour commencer, que le chagrin de se sentir éloigné des siens ; la peur de l'existence salie ; la perspective de la condamnation !

Mais peu à peu, l'effroi du silence vous prend ; et il n'est pas jusqu'à la blancheur implacable du mur qui ne donne l'idée d'une affiche que l'on voudrait, à toute force, voir remplie, ou remplir. Or, l'on n'a pas le droit d'y toucher du bout de son ongle ou de son crayon.

Les heures tombent ; les semaines se suivent — alors l'isolement fait sa besogne de bourreau.

Pendant un temps, la pensée trouve un aliment dans le passé ; et, sur la page aveuglante et immaculée de la muraille, les souvenirs rôdent comme des mouches. Mais on use le souvenir comme le reste, l'imagination ne trouve plus rien à mordre, ou bien, elle s'acharne trop sur la vie de jadis, et il y a péril pour le cerveau.

Voilà qu'un vilain matin, on a épuisé cette source de consolation ; qu'on est, devant ce qu'on a de vie morale, comme devant un trou creux, d'où l'on n'arrachera rien, et où l'on n'a rien à jeter !

Le penseur même y perd sa peine et son outil.

Il y a bien la table et l'escabeau, le loisir d'écrire comme on ne l'eut jamais. N'est-ce pas le moment de se recueillir et de vivre face en face avec l'idée maîtresse du métier qu'on exerce, ou du but qu'on poursuit ?

Mais la pensée a horreur du vide. Les Torricellis qui ont été en prison peuvent le dire. Jamais il ne s'est échappé d'une cellule une œuvre féconde. La vie n'y entre pas ; on subit la nécessité de l'échange, dans le monde des idées comme dans le monde des faits. Les mystiques même, comme Michelet, ont besoin d'aller au Champ-de-Mars pour en sentir l'humus, et sabler de sa poussière les feuillets de l'histoire.

Du fond de ces solitudes de Mazas, à la fois étroites comme un tombeau et vastes comme le désert, l'innocence de cent désespérés crie depuis trente ans, contre l'Inquisition nouvelle — sans qu'on entende les cris. La douleur se casse les ailes contre les murs ; et les nécessités journalières de la politique absorbant les polémistes tout entiers, la cause des emmurés demeure éternellement dans l'abandon.

MAX... BJ
FRANC... P...TIN.
LA CLOCHE
BJ A

Il faut que ceux qui ont vu de près ces souffrances, et en ont eu leur part, ramassent la question délaissée.

En pleine guerre civile, aux jours tragiques de 1871, alors que, de tous côtés, menaçait la trahison, des membres de l'Assemblée révolutionnaire désignée sous le nom de « Commune de Paris » se levèrent, pour déclarer que, quel que fut le péril, ils ne voulaient pas que ceux-là même qu'on avait arrêtés comme suspects fussent soumis au régime infâme du secret — et, malgré le besoin d'union qu'on avait devant la défaite et la mort, on batailla là-dessus. Et le vote écorcha ceux qui étaient d'avis que l'on fît subir à l'ennemi la torture qu'on avait soi-même endurée, sous le code draconien de l'Empire.

Dans ces moments terribles, la Justice pouvait cependant se voiler, comme le soleil aveuglé de sang. Les exceptions cruelles ont leur excuse dans le fracas de la tempête; mais la ficelle de la routine n'est jamais hachée, même par le tranchant des sabres, et continue à étrangler les prisonniers sous les voûtes de la prison modèle, après comme avant les révolutions... le sceptre des geôles et le trousseau de clefs ne tombent pas des mains des gardiens ! Ils se transmettent de génération en génération, sans interrègne, les consignes qui permettent de saigner à blanc, de guillotiner à sec, les malheureux ayant pris le chemin des divisions de Mazas.

La chiourme n'a pas à y apporter de cruauté : elle n'a qu'à faire observer le règlement. Pourtant, l'homme est à sa merci. Et, s'il se trouvait des scélérats parmi les gardiens, ils pourraient ajouter le supplice vif au supplice morne; la cruauté active à la torture mécanique; cracher au visage d'un prisonnier, puis lui casser les côtes à coups de clef, et dire qu'ils ont été attaqués par lui, et qu'ils n'ont fait que se défendre. Où trouver la preuve du mensonge ?

Ces cas ne se présentent pas, je le veux bien ; mais combien de fois, s'il n'y a pas violence, y a-t-il humiliation et brutalité !

Un condamné politique avait pour voisin de cellule un pauvre homme, accusé d'un crime de droit commun, que le gardien de la division se faisait un jeu d'effrayer et de menacer du bagne -- « pour de rire », ainsi que le contait le farceur lui-même. Un matin, le pauvre diable à bout de courage et à bout d'angoisses, se pendit pour de bon...

A côté de ces assassinats involontaires, combien est facile, dans ces cages muettes que fouille seul, par un trou large comme une prunelle, l'œil des surveillants, l'assassinat au nom de la raison d'État ?

Dans la vie en commun, les prisonniers et tout le personnel savent si un prévenu a l'énergie ou l'envie de se tuer. On sait aussi pourquoi il a été pris et incarcéré. Il a pu indiquer les causes cachées, raconter les circonstances bizarres de son arrestation. Si, un matin, on vient dire qu'on a trouvé un cadavre au bout d'une corde, il peut y avoir enquête, d'après les rumeurs sourdes qui courent le long du préau.

Ne vous souvient-il donc pas que, sous l'Empire, le suicide de certain prévenu, enfermé à Mazas (un ancien commissaire, je crois), souleva de terribles soupçons dans l'opinion publique, qui malheureusement, était prisonnière des prétoriens et condamnée presque au même silence que les encagés de Mazas -- tant la presse était bâillonnée, la police triomphante et la preuve difficile, avec le système cellulaire ?

De la lumière, non pas seulement celle qui vient du ciel par les vasistas, mais celle qui sort du choc des hommes, comme l'étincelle du caillou ! Point le mystère douloureux de la cellule, où le soleil joue autour du front du prisonnier, mais où l'ombre s'épaissit sur sa cervelle... et sur celle des juges souvent !

Si imparfait que ce juge puisse être -- avec tant de privilèges qui lui permettent de ne l'être point -- il ne pourra lire clair au fond des âmes des prisonniers, quand elles auront mariné des semaines dans le chaudron hermétiquement fermé de Mazas.

L'innocent aura perdu la liberté du verbe, l'éloquence qu'avait sa voix fraîche, et son œil net ; il aura le regard égaré ou fuyant, la mine cruelle peut-être, s'étant indigné qu'on l'ensevelit ainsi au lieu de le mettre en face des gens, des faits. Il aura l'air vil ou irrité, paraîtra un cynique ou un lâche... tout comme un loup pris au piège, et qui n'a pu échapper, quoique s'étant scié la patte avec ses crocs !

Le physionomiste le plus fort y perdra son latin. C'est comme si on voulait juger de la santé d'un homme quand on vient de le tirer de la rivière, qu'il vomit l'eau et vide ses poumons !

Si encore l'instruction n'était pas secrète ! Mais la justice et le châtiment se donnent la main et s'embrassent, au bout des prisons ; s'unissent pour intimider et écraser l'accusé !

Il en est qui ont plié sous l'examen sévère du juge, comme le pauvre pendu plia sous la blague du geôlier ; et qui se sont même déclarés fautifs dans des moments d'ahurissement ou de terreur, alors qu'ils ne l'étaient point.

L'optique est fausse, quand on a fait tomber entre l'accusé et la société le rideau de l'isolement !

Ce système, terrible pour l'innocent, est à peine utile pour le coupable. Celui-là a pris ses précautions avant, après, le délit ou le crime.

Il peut, malgré tout, laisser passer à travers les mailles du réglement des renseignements qui vont rejoindre les complices. Sur les murs mêmes du promenoir, qui ne sont pas immaculés, comme ceux de la cellule, l'affilié d'une bande n'a qu'à graver ses mots d'ordre avec l'arête d'une pierre ou le bout rond d'un eustache. J'ai vu ces murs là couverts d'inscriptions qui semblaient comiques, mais avaient, je l'ai appris depuis, un sens grave dans la franc-maçonnerie des scélérats.

Il n'y a que honte pour l'humanité, péril pour la justice, traquenard pour la vérité, dans ce système de secret ! Le Conseil municipal de Paris doit souffleter cette Bastille d'un vœu de démolition !

Ou, alors, que les impitoyables, pour être logiques, fassent comme les Anglais : qu'ils mettent un masque sur la face des prisonniers, un masque noir, et qu'ils les plantent sur le *thread mill,* pour faire aller un moulin qui leur moud les jambes, voilà tout, et tourne à vide dans l'espace !

Non ?... Eh bien, alors, ouvrez les cellules, abattez les murs des promenoirs, et que votre prison, avec son silence et ses *in pace,* ne soit plus une succursale de l'enfer chrétien !

JULES VALLÈS.

LA CLOCHE
B J

LITHOGRAPHIES IMPRIMÉES A PARIS PAR TAILLIARDAT

TYPOGRAPHIE LÉON FRÉMONT

ARCIS-SUR-AUBE